Meine ersten Wörter und Sätze

SPANISCH

Angela Wilkes
Bilder von John Shackell
Gesamtentwurf Roger Priddy

Übersetzung Friedrich Langreuter
Sprachliche Beratung Manuela Gomez

INHALT

Handschrift von Jack Potter

Dieses Buch

Eine Reise ins Ausland macht viel mehr Spaß, wenn du verstehst, was die Leute sagen. Eine Sprache zu lernen ist viel einfacher als du denkst. Mit diesem Buch lernst du Spanisch, wie du es jeden Tag brauchen kannst.

Du lernst zu sagen

wer du bist

wo du herkommst

wieviel Uhr es ist

was du magst

wie man nach dem Weg fragt

und was du einkaufen willst

Und so funktioniert es:

Comics zeigen dir, was man in bestimmten Situationen sagt. Lies die Texte in den Sprechblasen. Probiere aus, wieviel du verstehst; dann sieh die Wörter nach, die du nicht kennst. Wörter und Ausdrücke werden oft wiederholt. So prägen sie sich dir leichter ein. Das Buch fängt mit ganz einfachen Ausdrücken an und wird gegen Ende schwieriger.

Neue Wörter

Auf jeder Doppelseite findest du einige neue Wörter aufgelistet und deutlich abgesetzt. So kannst du sie beim Weiterlesen leicht finden. Hast du einmal ein Wort vergessen, dann schau' einfach in die Wortliste (S. 46 – 48). Wenn ein Wort mit einem Sternchen gekennzeichnet ist: Siehe unterer Seitenrand.

Sprachregeln

In Kästchen wie diesem wird erklärt, wie spanische Wörter und Sätze gebildet werden. Es macht nichts, wenn du nicht alles auf Anhieb verstehst. Alle Sprachformen werden häufig wiederholt. Im übrigen findest du auf den Seiten 42 und 43 eine Zusammenfassung aller in diesem Buch erwähnten Sprachregeln.

Aussprache

Auf Seite 41 erklären wir anhand von Beispielen, wie das Spanische ausgesprochen wird. Dann ein Vorschlag: Höre spanische Radioprogramme und Popmusik so oft du kannst.

Übungen

Im ganzen Buch findest du kleine Aufgaben, die dir helfen, dein Spanisch zu üben. Auf den Seiten 44 und 45 kannst du überprüfen, ob deine Antworten richtig waren.

Was du sonst noch tun kannst

Schreibe alle neuen Wörter in ein Vokabelheft und lerne jeden Tag ein paar davon. Fünf oder zehn Minuten genügen. Wiederhole die gelernten Wörter ab und zu. Vielleicht kannst du jemanden bitten, dich gelegentlich abzuhören oder, noch besser, mit dir zusammen Spanisch zu lernen. Dann könnt ihr miteinander üben. Unterhaltet euch möglichst viel auf Spanisch! Keine Angst vor Fehlern!

„Hallo" und „Auf Wiedersehen"

Zuerst solltest du wissen, wie man sich begrüßt. Auf dieser Doppelseite findest du verschiedene Möglichkeiten.

Wenn du eine Person begrüßt, mit der du nicht sehr gut bekannt bist, so wirst du deinem Gruß ein **señor, señora** oder **señorita** hinzufügen, je nachdem, ob es sich um einen Herrn, eine Dame oder ein Fräulein handelt.

„Hallo"

So begrüßt man seine Freunde.

Dies ist die höflichere Form und bedeutet „Guten Tag".

So sagt man „Guten Abend" und zwar ab 16 Uhr.

„Auf Wiedersehen"

Adiós heißt „Auf Wiedersehen".

Zwei verschiedene Möglichkeiten, um „Auf bald" zu sagen.

„Gute Nacht"

Vor dem Schlafengehen sagt man: **¡Buenas noches!**

„Wie geht's?"

So begrüßt man jemanden und fragt: „Wie geht's?"

Diese Person sagt gerade, daß es ihr gut geht, danke…

…dieser Mann findet, daß die Dinge nicht zum besten stehen.

¿Cómo estás?

Hier siehst du verschiedene Möglichkeiten, auf die Frage **¿Cómo estás?** zu antworten. Was, glaubst du, wird jeder dieser Leute auf dem Bild nebenan antworten, wenn du fragst, wie es ihm geht?

muy bien	sehr gut
bien	gut
bastante bien	ganz gut
no muy bien	nicht gut
muy mal	furchtbar

Wie heißt du?

Möchtest du wissen, wie du dich selbst und deine Freunde vorstellen kannst? Die Comics auf dieser Seite zeigen es. Lies die Texte in den Sprechblasen, dann kannst du die Fragen auf der nächsten Seite beantworten.

Neue Wörter

yo	ich
tú	du
él	er
ella	sie (Singular)
ellos	sie (mask. Plural)
ellas	sie (fem. Plural)
¿cómo te llamas?	wie heißt du?
¿cómo se llama él/ella?	wie heißt er/sie?
¿cómo se llaman ellos/ellas?	wie heißen sie?
yo me llamo	ich heiße
él se llama	er heißt
ella se llama	sie heißt
ellos/ellas se llaman	sie heißen
¿quién es?	wer ist das?
es	das ist
mi amigo	mein Freund
mi amiga	meine Freundin
¿y tú?	und du?
sí	ja
no	nein

Freunde vorstellen

Ellos und ellas

Im Spanischen gibt es zwei Wörter für „sie" (Mehrzahl). Wenn du von Jungen oder Männern sprichst, so heißt „sie" **ellos,** wenn du Mädchen oder Frauen meinst, so sagst du **ellas.** Wenn du über Jungen und Mädchen, Frauen und Männer gemeinsam sprichst, so heißt „sie" **ellos.**

Wie heißen sie?

Kannst du diese Fragen auf spanisch beantworten? (Auf Seite 44 kannst du nachsehen.)

Wer ist wer?

Kannst du die Fragen unter dem Bild beantworten? (Auf Seite 44 steht's.)

Wer spricht mit Juan?
Wer spricht mit Amalia?

Wer heißt Miguel?
Wer spricht mit ihm?

Wer heißt Ana?
Wer geht nach Hause?

Erinnerst du dich?

Wie würdest du jemanden nach seinem Namen fragen?
Wie würdest du dich selber vorstellen?

Du hast eine Freundin mit Namen Amalia.
Wie würdest du sie jemand anderem vorstellen?
Wie würdest du einer anderen Person sagen, daß dein Freund Daniel heißt? (s. S. 44)

Wie die Dinge heißen

Alle Gegenstände auf diesem Bild sind mit ihrem Namen bezeichnet. Versuche diese Wörter zu lernen. Auf der folgenden Seite kannst du dich überprüfen.

El und la-Wörter*

Spanische Hauptwörter sind maskulin (männlich) oder feminin (weiblich): die entsprechenden Artikel sind **el** („der") und **la** („die"). Ein spanisches Wort für „das" gibt es nicht.

Am besten, du lernst Hauptwort und Artikel immer gemeinsam. „Ein" oder „eine" heißt **un** vor **el**-Wörtern bzw. **una** vor **la**-Wörtern.

el sol	die Sonne	**el nido**	das Nest	**la ventana**	das Fenster
el árbol	der Baum	**el pájaro**	der Vogel	**la puerta**	die Tür
el tejado	das Dach	**el garaje**	die Garage	**la flor**	die Blume
el gato	die Katze	**el coche**	das Auto	**la casa**	das Haus
el perro	der Hund	**la chimenea**	der Schornstein	**la verja**	der Zaun

***El** entspricht dem männlichen Artikel „der". **Él** mit Apostroph hingegen heißt „er". Mehr über diesen Akzent auf Seite 42.

Namen und Wörter erfragen

Es macht nichts, wenn dir einmal ein spanisches Wort fehlt. Du kannst ja fragen. Hier ist eine kleine Liste mit nützlichen Sätzen, die dir dabei helfen werden. Wie man sie anwendet, zeigen die Bilder.

¿qué es esto?	was ist das?
es…	das ist…
también	auch
en español	auf spanisch
en alemán	auf deutsch

Erinnerst du dich?

Decke die gegenüberliegende Seite zu. Wie heißen diese Dinge auf spanisch? Vergiß nicht, dazuzusagen, ob es **el** oder **la**-Wörter sind.

Woher kommst du?

Hier steht, wie man Leute danach fragt, woher sie kommen und ob sie Spanisch sprechen.

Neue Wörter

¿de dónde eres?	wo kommst du her?
soy de	ich komme aus/von…
¿dónde vives?	wo wohnst du?
vivo en…	ich wohne/lebe in…
¿hablas…?	sprichst du…?
hablo…	ich spreche…
un poco	ein bißchen
español	spanisch
inglés	englisch
alemán	deutsch
este/esta es	das ist
nosotros/as	wir (m, f)
vosotros/as	ihr (m, f)
ustedes	Sie

Länder

Suiza	Schweiz
Alemania	Deutschland
Inglaterra	England
Francia	Frankreich
la India*	Indien
Escocia	Schottland
Austria	Österreich
España	Spanien
Hungría	Ungarn

Sprichst du Spanisch?

*Die meisten Ländernamen (w) werden ohne Artikel gebraucht. Ausnahme: la India.

Wer kommt woher?

Hier siehst du die Teilnehmer eines internationalen Tanzturniers. Der Ansager spricht nur Deutsch. Deshalb ist ihm entgangen, wo die Teilnehmer herkommen. Kannst du ihm helfen? Seine Fragen stehen unter den Bildern. (Die Antworten findest du auf S. 44.)

Woher kommt Franz?
Wie heißen die indischen Teilnehmer?
Ist Lolita Italienerin oder Spanierin?
Gibt es einen schottischen Bewerber?
Woher sind Marie und Pierre?
Wer lebt in Budapest? Wo liegt Budapest?

Verben*			**hablar**	sprechen	**venir**	kommen
Auch spanische Verben verändern sich entsprechend der Person, die etwas tut. Die meisten Verben, die auf **ar** und **ir** enden, ändern sich nach demselben Schema:	**yo**	ich	**hablo****	spreche	**vengo**	komme
	tú	du	**hablas**	sprichst	**vienes**	kommst
	usted/él/ella	Sie/er/sie	**habla**	spricht	**viene**	kommen
	nosotros/as	wir	**hablamos**	sprechen	**venimos**	kommen
	vosotros/as	ihr	**habláis**	sprecht	**venís**	kommt
	ustedes/ellos ellas	Sie/sie	**hablan**	sprechen	**vienen**	kommen

Erinnerst du dich?

Wie fragst du jemanden, woher er kommt?

Kannst du sagen, woher du kommst?
Wie sagst du, daß du Spanisch sprichst? Wie fragst du jemanden, ob er Spanisch spricht?

*Mehr über Verben findest du auf den Seiten 30 und 43.
Im Spanischen können die Wörter „ich", „du", „er", „sie" etc. weggelassen werden: **Hablo „Ich spreche".

Mehr über dich selbst

Hier steht, wie du sagst, wie alt du bist und ob du Geschwister hast.
Du gibst dein Alter an, indem du feststellst, wieviele Jahre du „hast“. Bist du 10 Jahre alt, so sagst du:
Tengo diez años.

Wie alt bist du?

Neue Wörter

¿qué edad tienes?	wie alt bist du?
tengo cinco años	ich bin fünf Jahre alt
¿tienes…?	hast du…?
tengo	ich habe
no tengo	ich habe nicht/kein(e)
el hermano	der Bruder
la hermana	die Schwester
casi	beinahe (fast)
no…ni	weder…noch
pero	aber

Hast du Geschwister?

Mehrzahl (Plural)

Spanischen Hauptwörtern hängst du ein **s** an, wenn du ihre Mehrzahlform brauchst, z. B. **hermano, hermanos.** Wörter, die mit einem Konsonanten enden, bekommen ein **es,** z. B. **ciudad, ciudades.** Im Plural heißen die Artikel der **el-**Wörter **los,** die der **la-**Wörter **las.**

Zahlen**

1 uno/una	**11 once**
2 dos	**12 doce**
3 tres	**13 trece**
4 cuatro	**14 catorce**
5 cinco	**15 quince**
6 seis	**16 dieciséis**
7 siete	**17 diecisiete**
8 ocho	**18 dieciocho**
9 nueve	**19 diecinueve**
10 diez	**20 veinte**

* Wenn du jemanden fragst ¿Tienes hermanos? so heißt das „Hast du Geschwister?“
** Auf Seite 40 findest du eine komplette Zahlenliste bis 500.

Wie alt sind sie?

Lies, was die Kinder sagen. Weißt du jetzt, wie alt sie sind?

Wer hat welche Geschwister?

Unten steht, wieviele Geschwister diese Kinder haben. Findest du heraus, wer zu wem gehört? (Auf Seite 44 wird es verraten.)

Diana y Silvia tienen un hermano y dos hermanas.

Rosa tiene tres hermanas y dos hermanos.

Miguel tiene cinco hermanas, pero no tiene hermanos.

Luis tiene un hermano, pero no tiene hermanas.

Pepe no tiene hermanos ni hermanas, pero tiene un perro.

Hilfsverben

tener	haben
yo tengo	ich habe
tú tienes	du hast
usted tiene	Sie haben
él/ella tiene	er/sie/es haben
nosotros/as tenemos	wir haben
vosotros/as tenéis	ihr habt
ustedes tienen	Sie haben
ellos/ellas tienen	sie haben

ser*	sein
yo soy	ich bin
tú eres	du bist
usted es	Sie sind
él/ella es	er/sie/es ist
nosotros/as somos	wir sind
vosotros/as sois	ihr seid
ustedes son	Sie sind
ellos/ellas son	sie sind

* **Ser** wird auf der nächsten Seite gebraucht; am besten, du lernst es gleich mit.

Deine Familie

Auf den folgenden zwei Seiten findest du viele Wörter, mit denen du deine Familie beschreiben kannst. Außerdem lernst du, was „mein“ und „dein“ heißt.

Wer ist wer?

Neue Wörter

la familia	die Familie	**la tía**	die Tante	**delgado/a**	dünn, schlank
el abuelo	der Großvater	**los abuelos**	die Großeltern	**viejo/a**	alt
la abuela	die Großmutter	**los padres**	die Eltern	**joven**	jung
el padre	der Vater	**alto/a**	hoch, groß	**rubio/a**	blond
la madre	die Mutter	**bajo/a**	niedrig, klein	**moreno/a**	dunkelhaarig
el tío	der Onkel	**grueso/a**	dick, groß	**cariñoso/a**	liebevoll, zärtlich

„Mein“ und „dein“

stehen im Spanischen wie im Deutschen entweder im Singular (Einzahl) oder im Plural (Mehrzahl).

	mein	dein
Singular	**mi**	**tu**
Plural	**mis**	**tus**

Wie du deine Familie beschreibst

Eigenschaftswörter (Adjektive)

Spanische Adjektive wechseln ihre Endungen, je nachdem, ob sie ein Maskulin- oder Femininwort beschreiben. Stets endet die maskuline Adjektivform auf **o,** die feminine auf **a,** z. B. **alto, alta.*** Kannst du jede dieser Personen auf spanisch beschreiben? Beginne mit **El es...** oder **Ella es...!**

*Mehr über Adjektive auf den Seiten 42–43.

Bei dir zu Hause

Hier lernst du zu sagen, wo du wohnst. Außerdem wirst du die Namen der verschiedenen Zimmer eines Hauses kennenlernen.

Neue Wörter

o/u*	oder
la casa	das Haus
el apartamento	das Appartement
el piso	die Wohnung
el castillo	die Burg
en la ciudad	in der Stadt
en el campo	auf dem Land
a la orilla del mar	am Meer
papá	Papa
mamá	Mama
abuelito	Opa (zärtl.)
abuelita	Oma (zärtl.)
el fantasma	das Gespenst
¿dónde estás?	wo bist du?
el cuarto de baño	das Bad
el comedor	das Eßzimmer
el dormitorio	das Schlafzimmer
la sala de estar	das Wohnzimmer
la cocina	die Küche
el vestíbulo	die Diele
arriba	oben

Wo wohnst du?

Stadt oder Land?

*u verwendest du nur vor Wörtern, die mit **o** oder mit **ho** beginnen.

Wo stecken sie alle?

Papa kommt nach Hause. Er will wissen, wo sich die verschiedenen Familienmitglieder gerade befinden. Kannst du es ihm sagen?

Z. B. **La abuelita está en la sala de estar.**
Vielleicht kannst du auch die Fragen unterhalb der kleinen Bilder beantworten! (s. S. 44)

¿Quién está en el comedor?
¿Quién está en la cocina?
¿Quién está en el cuarto de baño?
¿Quién está en el dormitorio?

¿Dónde está la abuelita?
¿Dónde está el fantasma?
¿Dónde está el perro?
¿Dónde está Pedro?
¿Dónde está papá? (siehe Wortliste)

Erinnerst du dich?

Wie fragt man jemanden, wo er wohnt?
Wie fragst du andere Leute, ob sie in einem Haus oder in einer Wohnung leben?
Erinnerst du dich, wie man „auf dem Land" übersetzt?
Wie sagst du, daß du im oberen Stockwerk bist?
Wie würdest du deiner Familie erzählen, daß du in der Küche bist?

Sachen suchen

Jetzt ist von Einrichtungsgegenständen die Rede, von allerlei merkwürdigen Haustieren und einem verschwundenen Hamster.

Neue Wörter

buscar	suchen
algo	etwas
el hámster	der Hamster
encontrar	finden
lo	das
sobre	auf
debajo de	unter
detrás de	hinter
delante de	vor
entre	zwischen
al lado de	bei, neben
la alacena	Wandschrank
el armario	der Schrank
la butaca	der Sessel
la cortina	der Vorhang
la planta	die Pflanze
el estante	das Regal
la mesa	der Tisch
la alfombra	der Teppich
el sofá	das Sofa
la televisión	das Fernsehen
el teléfono	das Telefon
el jarrón	die Vase
¡aquí/allí está!	er ist hier/dort

Él oder ella

Im Spanischen gibt es kein persönliches Fürwort sächlichen Geschlechts („es"). Du benutzt **él** oder **ella,** je nachdem, ob das zu ersetzende Wort männlich oder weiblich ist. **Él** ersetzt männliche Wörter, **ella** weibliche.

¿Esto es para el hámster? Sí, es para él.

¿Esto es para la tortuga? Sí, es para ella.

Wo ist der Hamster?

In, auf oder unter?

Diese Wörter mußt du einfach lernen. **A lado de** wird vor einem **el**-Wort zu **al lado del**, z. B. **al lado del sofá** neben dem Sofa oder **al lado del teléfono** neben dem Telefon.

Wo verstecken sie sich?

Kannst du Herrn López sagen, wo sich seine sechs Lieblingstiere verstecken? Verwende die obigen Lagebezeichnungen. (Die Antworten findest du auf Seite 44.)

Was möchtest du essen?

Hier lernst du zu sagen, was du magst und was nicht.

Neue Wörter

¿le/te gusta?*	mögen Sie/ magst du?
me gusta	ich mag
no me gusta**	ich mag nicht
¿qué…?	was …?
me encanta	ich mag
en absoluto	überhaupt nicht
entonces	dann
mucho	sehr
lo que más	am meisten, liebsten
preferir	vorziehen
sobre todo	besonders
la ensalada	der Salat
el pescado	der (zubereitete) Fisch
las patatas fritas	die Pommes frites
el pastel	der Kuchen
la salchicha	die Wurst
el filete	das Steak, Filet
los espaguetis	die Spaghetti
comer	essen
la pizza	die Pizza
la hamburguesa	der Hamburger
el arroz	der Reis
el pan	das Brot
el queso	der Käse
yo también	ich auch

Was magst du gern?

Was magst du am liebsten?

*Unter Freunden fragst du **¿te gusta…?**, förmlicher und höflicher ist **¿le gusta…?**
**Mehr über die Verneinung auf den Seiten 42–43

Was wird hier gegessen?

Wer mag was?

Wer mag Käse? Wer mag keinen Schinken? Wer mag Bananen lieber als Trauben?

Kannst du auf spanisch sagen, was du gerne ißt und was du nicht besonders magst?

Me gusta, me gustan

Die wörtliche Übersetzung des deutschen „ich mag" ist „(es) gefällt mir": **me gusta** oder „(sie) gefallen mir": **me gustan.***

me gusta/gustan	ich mag
te gusta/gustan	du magst
nos gusta/gustan	wir mögen

*Genauso verwendest du **me encanta** oder **me encantan,** wenn du etwas ganz besonders magst oder liebst.

Tischgespräche

Hier erfährst du, was man bei Tisch sagt.

Neue Wörter

a la mesa, por favor	zu Tisch, bitte
tengo hambre	ich habe Hunger
yo también	ich auch
sírvete	bedien' dich
servíos	bedient euch
¡buen provecho!	guten Appetit!
¿me puedes pasar	könntest du mir... geben?
el agua	das Wasser
el pan	das Brot
el vaso	das Glas
¿quiere usted*...?	möchten Sie...?
más	mehr
la carne	das Fleisch
sí, por favor	ja, bitte
no, gracias	nein, danke
he comido suficiente	ich habe genug
¿está bueno?	ist es gut? schmeckt es?
está delicioso	es schmeckt sehr gut, köstlich

Das Essen ist fertig

Gibst du mir bitte...

***Usted** (Einzahl) oder **ustedes** (Mehrzahl) heißt „Sie" und ist die höfliche Anredeform.

Möchten Sie noch etwas?

Wer sagt was?

Simón sagt, daß er hungrig ist.

Der Koch wünscht dir guten Appetit.

Isabella sagt: „Bedien' dich".

Pedro bittet jemanden um ein Glas.

Die Oma bietet Simón mehr Pommes frites an.

Er sagt: „Ja, bitte" und daß er Pommes gerne mag.

Dann sagt er: „Nein danke, es ist genug".

Marco sagt, daß das Essen sehr gut schmeckt.

Hier siehst du verschiedene Leute beim Essen. Weißt du, wie sie sich auf spanisch ausdrücken würden? Decke den Rest dieser Doppelseite zu und versuche es herauszufinden. Zum Beispiel sagt Simón: **¡Tengo hambre!** Im Notfall kannst du auf Seite 45 nachsehen.

Über Hobbys

wird jetzt geplaudert:

Neue Wörter

hacer	machen, tun
pintar	malen
guisar	kochen
la afición	das Hobby
construir cosas	basteln
bailar	tanzen
leer	lesen
ver la televisión	fernsehen
tejer	stricken
nadar	schwimmen
jugar	spielen
el deporte	der Sport
el fútbol	der Fußball
el tenis	das Tennis
la música	die Musik
escuchar	zuhören
el instrumento	das Instrument
el violín	die Violine
el piano	das Klavier
por la noche	am Abend
algún(o)/a*	irgendein(e), noch ein(e)

hacer	machen, tun
yo hago	ich mache
tú haces	du machst
usted hace	Sie machen
él/ella hace	er, sie, es macht
nosotros/as hacemos	wir machen
vosotros/as hacéis	ihr macht
ustedes hacen	Sie machen
ellos/ellas hacen	sie machen

jugar und tocar
Wenn du über eine Sportart oder ein Spiel sprichst, dann bilde den Satz mit **jugar a.** **A + el** wird zu **al.** Ich spiele Fußball heißt also **juego al fútbol.**
Wenn du aber ein Musikinstrument meinst, dann verwende das Wort **tocar,** z. B. **toco el piano,** ich spiele Klavier.

Was machst du abends?

* „ein" im Sinne von „irgendein" heißt im Spanischen **algún.**

Sportsleute

Musikliebhaber

Was tun diese Leute?

Decke den Rest der Seite zu und versuche zu sagen, was alle diese Leute tun. Sage es auf spanisch, z.B. **Él juega al fútbol** „Er spielt Fußball". (s. S. 45)

Die Uhrzeit

Hier kannst du lernen, wie man auf spanisch sagt, wie spät es ist. Alle Zahlen, die du nicht kennst, kannst du auf Seite 40 nachschlagen. Im Spanischen gibt es kein Wort für „nach“. Anstelle von „fünf Minuten nach…“ sagen die Spanier **son las nueve y cinco,** es ist fünf nach neun. „Fünf Minuten vor…“ heißt **menos cinco** (wörtl.: weniger fünf). **Son las nueve menos cinco,** es ist fünf Minuten vor neun.

Wie spät ist es?

Hier steht, wie man sich nach der Zeit erkundigt.

Es ist…

Sono las nueve y cinco.

Son las nueve y cuarto.

Son las nueve y media.

Son las diez menos cuarto.

Son las diez menos cinco.

Es mediodía/ medianoche.

Die Tageszeit?

Son las seis de la tardes.

Son las seis de la mañana.

Neue Wörter

¿qué hora es?	Wieviel Uhr ist es?
es la una	es ist ein Uhr
son las dos	es ist zwei Uhr
menos cinco	fünf (Minuten) vor
y cuarto	viertel nach…
menos cuarto	viertel vor…
y media	halb…
mediodía	Mittag
medianoche	Mitternacht
de la mañana	am Morgen
de la tarde	am Abend
a	um
levantarse	aufstehen
su	sein/ihr
desayunar	frühstücken
almorzar	mittagessen
cenar	abendessen
él va	er geht
al colegio	in die Schule
a la cama	ins Bett, zu Bett

ir (gehen)

yo voy	ich gehe
tú vas	du gehst
usted va	Sie gehen
él/ella va	er/sie geht
nosotros/ as vamos	wir gehen
vosotros/ as vais	ihr geht
ustedes van	Sie gehen
ellos/ellas van	sie gehen

*Im Spanischen stehen die Uhrzeiten im Plural: **Son las seis; son las tres y cuarto.** Nur 1 Uhr, Mittag und Mitternacht wird in der Einzahlform angegeben: **Es la una y diez** es ist zehn nach eins.

Marco's Tageslauf

Lies, was Marco den Tag über macht und suche die zu den Bildern passenden Uhrzeiten. (Die richtigen Antworten findest du auf Seite 45.)

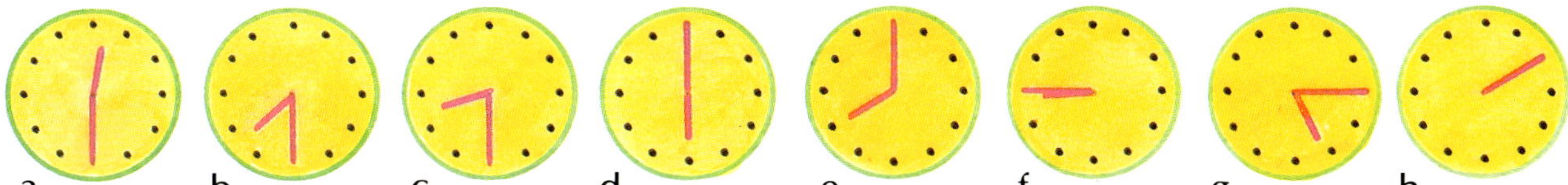

a b c d e f g h

1

Marcos se levanta a las siete y media.*

2

Desayuna a las ocho.

3

A las nueve menos cuarto va al colegio.

4

Almuerza** a las doce y media.

5

A las dos y diez juega al fútbol.

6

A las cinco y cuarto ve la televisión.

7

A las seis cena.

8

Se va a la cama a las ocho y media.

Wieviel Uhr ist es?

Kannst du jetzt auf spanisch sagen, wie spät es ist?

*Über reflexive (mehrteilige) Verben mehr auf Seite 43.

Mehr über unregelmäßige Verben, die ihren Stamm verändern, z.B. **almorzar zu Mittag essen, auf Seite 43.

Sich verabreden

das funktioniert so:

Neue Wörter

¿vamos…?	gehen wir…?
¿cuándo?	wann?
el martes	am Dienstag
por la mañana	morgens
por la tarde	nachmittags
por la noche	abends
la piscina	das Schwimmbad
hacia	gegen
hasta el martes	bis Dienstag
hoy	heute
hasta mañana	bis morgen
esta tarde	heute Abend
de acuerdo	o.k! Einverstanden!
no puedo	ich kann nicht
no es posible	das ist nicht möglich
¡qué pena!	das ist schade!
ir a	gehen zu
el cine	das Kino
la fiesta	das Fest, die Party

Wochentage

domingo	Sonntag
lunes	Montag
martes	Dienstag
miércoles	Mittwoch
jueves	Donnerstag
viernes	Freitag
sábado	Samstag

Tennis

Schwimmen

Ins Kino gehen

Auf eine Party gehen

Dein Merkbuch

Hier ist dein Merkbuch mit allen Terminen dieser Woche. Lies die Eintragungen und versuche dann die Fragen ganz unten links auf spanisch zu beantworten. (s. S. 45)

¿Qué haces el viernes?
¿Cuándo juegas al tenis?
¿Cuándo vas al cine?
¿Tocas el piano el jueves?
¿Qué haces el domingo?
¿A qué hora es la fiesta el sábado?

a + el

Wenn **a** vor ein **el**-Wort zu stehen kommt, wird es zu **al: ¿Vamos al cine?** Gehen wir ins Kino?*

*Mehr dazu auf Seite 43.

Nach dem Weg fragen

Hier erfährst du, wie man sich auf spanisch nach dem richtigen Weg erkundigt.

Neue Wörter

perdone	Entschuldigung
de nada	Bitte sehr, keine Ursache
aquí/allí	hier, dort
la oficina de correos	die Post
en la plaza del mercado	auf dem Marktplatz
el hotel	das Hotel
después	dann
gire…	geh nach…
¿hay…?	Gibt es…?
cerca de aquí	in der Nähe, nahe sein
la calle	die Straße
justo	genau
¿está lejos?	Ist es weit?
a cinco minutos	fünf Minuten entfernt
a pie	zu Fuß
el supermercado	der Supermarkt
frente a	gegenüber
al lado de	neben (örtl.)
el banco	die Bank
la farmacia	die Apotheke

„Du" und „Sie"

heißt **tú** und **usted. Tú** sagst du zu einem Freund; **usted** sagst du, wenn du mit einem Erwachsenen sprichst.

Richtungen

Höflich sein

So sagt man „Entschuldigung". Es ist üblich, **señor, señora** oder **señorita** hinzuzufügen.

Wenn sich jemand bei dir bedankt, so sagst du **de nada** „keine Ursache".

Wo ist…?

Gibt's hier in der Nähe…?

Ist es weit?

Wichtige Orte

la estación	una gasolinera	los cuartos de baño	un buzón

Bahnhof	Tankstelle	Toiletten	Briefkasten
una cabina telefónica	un camping	el hospital	el aeropuerto

Telefonzelle	Campingplatz	Krankenhaus	Flughafen

Sich zurechtfinden

Hier steht, wie du nach dem Weg fragst. Wenn du Lust hast, versuche die Fragen auf der gegenüberliegenden Seite zu beantworten. (s. S. 45)

* **Por favor** heißt „bitte“.

Neue Wörter

¿para ir a...?	Wie komme ich nach...	**hasta**	bis
tome...	nimm, geh	**en coche**	mit dem Auto
continúe...	immer weiter	**la primera calle**	die erste Straße
el albergue juvenil	die Jugendherberge	**la segunda calle**	die zweite Straße
la oficina de turismo	die Touristeninformation	**la tercera calle**	die dritte Straße
		el Ayuntamiento	das Rathaus
		la iglesia	die Kirche

tomar nehmen

Singular		Plural	
yo tomo	ich nehme	**nosotros/as tomamos**	wir nehmen
tú tomas	du nimmst	**vosotros/as tomáis**	ihr nehmt
usted toma	Sie nehmen	**ustedes toman**	Sie nehmen
él/ella toma	er/sie nimmt	**ellos/ellas toman**	sie nehmen

Bei Wegerläuterungen verwende **tomar,** z.B. **Tome la primera calle...**

Sich in San Antonio zurechtzufinden

Wie fragst du nach dem richtigen Weg zum Marktplatz? Wie erkundigst du dich, ob es in der Nähe ein Café gibt und ob es weit bis dorthin ist?

Beschreibe dem Fahrer des gelben Wagens den Weg zur Kirche. Beschreibe jemandem den Weg vom Hotel zum Markt. Wohin gelangt das gelbe Auto, wenn sein Fahrer dieser Anweisung folgt: **Tome la segunda calle a la izquierda y está a la derecha.** (Auf Seite 45 steht's.)

Beim Einkaufen

Hier lernst du, was man beim Einkaufen sagt. Wenn du einen Laden betrittst, solltest du mit **Buenos días** oder, abends, mit **Buenas tardes** grüßen.

Spanisches Geld

Una peseta, eine Pesete hat **100 céntimos.** Auf Preisschildern ist das Wort **pesetas** mit **Pts.** abgekürzt: **300 Pts.** Um Preise zu verstehen, mußt du die Zahlen kennen. Sie stehen auf Seite 40.

Señora Prados geht einkaufen

La Señora Prados va de compras.

Compra pan en la panadería.

Neue Wörter

ir de compras	einkaufen gehen
comprar	kaufen
la panadería	der Bäcker
la tienda de comestibles	das Lebensmittelgeschäft
la carnicería	der Metzger
la leche	die Milch
los huevos	die Eier
la fruta	die Frucht
las verduras	das Gemüse
la carne	das Fleisch
el panecillo	das Brötchen
la manzana	der Apfel
el tomate	die Tomate
¿qué desea (usted)?	was wünschen Sie? was wünschst du?
quiero	ich möchte
sí, cómo no	ja, gern
¿algo más?	noch etwas?
¿eso es todo?	ist das alles?
¿cuánto es?	wieviel macht das?
aquí está/tiene	hier bitte
un litro	ein Liter
un kilo	ein Kilo
medio kilo	ein halbes Kilo
entonces	dann

In der Bäckerei

Compra leche y huevos en la tienda de comestibles.

Compra frutas y verduras en el mercado.

Compra carne en la carnicería.

Beim Lebensmittelhändler

Auf dem Markt

Einkaufen und bestellen

Natürlich mußt du nach Preisen fragen können:

Neue Wörter

costar	kosten
¿cuánto cuesta /cuestan?	Wieviel kostet der/die/das /kosten
la tarjeta postal	die Postkarte
...el kilo	das Kilo
...cada uno /una	ein(e) jede(r), pro Stück
la rosa	die Rose
déme siete	geben Sie mir sieben
el café	der Kaffee
la cuenta	die Rechnung
las uvas	die Trauben
la naranja	die Orange
el plátano	die Banane
la piña	die Ananas
el limón	die Zitrone
el melocotón	der Pfirsich
la limonada	die Limonade
la coca-cola	die Coca-Cola
el té	der Tee
con leche	mit Milch
con limón	mit Zitrone
el chocolate	die Schokolade
un vaso de	ein Glas...
un helado	(Speise) Eis
aquí lo tiene	hier ist es, bitte schön

Was kostet...?

Im Café

*Auch **costar** ist ein unregelmäßiges Verb. Siehe S. 43.

Obst kaufen

Alle Obstsorten sind mit Namen und Preis bezeichnet. Kannst du die Fragen unter dem Bild beantworten? (Du kannst auf Seite 45 nachschauen.)

Wie würdest du dem Marktmann sagen, daß du vier Zitronen, ein Kilo Bananen und eine Ananas möchtest? Wieviel kostet jede Obstsorte einzeln?

¿Qué cuesta quinientas pesetas cada una?
¿Qué cuesta doscientas pesetas el kilo?
¿Qué cuesta trescientas pesetas el kilo?
¿Qué cuesta diez pesetas?

Im Café

Hier sind einige leckere Sachen, die du vielleicht bestellen willst.

Monate, Jahreszeiten und das Datum

Hier findest du alles über die Namen der Monate und Jahreszeiten. Außerdem lernst du, nach dem Datum zu fragen.

Neue Wörter

el mes	der Monat
el año	das Jahr
¿cuál es la fecha?	welches ist das Datum? (wörtl.)
hoy	heute
el cumpleaños	der Geburtstag

Die Jahreszeiten

la primavera	der Frühling
el verano	der Sommer
el otoño	der Herbst
el invierno	der Winter

Die Monate

enero	Januar
febrero	Februar
marzo	März
abril	April
mayo	Mai
junio	Juni
julio	Juli
agosto	August
septiembre	September
octubre	Oktober
noviembre	November
diciembre	Dezember

Die Jahreszeiten

Erster, zweiter, dritter...

primer(o)/a*	erste/r
segundo/a	zweite/r
tercer(o)/a*	dritte/r
cuarto/a	vierte/r
quinto/a	fünfte/r
sexto/a	sechste/r
séptimo/a	siebte/r
octavo/a	achte/r
noveno/a**	neunte/r
décimo/a	zehnte/r
undécimo/a	elfte/r

Beim Datum heißt nur „der erste" **el primero,** andere Daten werden mit **el** + einfachem Zahlwort angegeben.

Und die anderen Monate? An welcher Stelle kommen sie?

*Vor einem männlichen Hauptwort, also einem **el**-Wort, verkürzen sich **primero** und **tercero** zu **primer** und **tercer.**
Der/die Neunte kann im Spanischen sowohl **noveno/a als auch **nono/a** heißen.

Das Datum

Das Datum schreiben

So wird das Datum geschrieben: das Tagesdatum ohne Punkt, gefolgt von **de** (des), dann der Monatsname.

Wann hast du Geburtstag?

Wann ist ihr Geburtstag?

Unter den Bildern steht, an welchem Tag die Kinder Geburtstag haben. Kannst du auf spanisch sagen, wann das ist? Z. B. **El cumpleaños de Marisa es el dos de abril.**

Farben und Zahlen

Farbbezeichnungen sind wie Adjektive beschreibende Wörter; aber nur einige von ihnen ändern ihr Geschlecht mit dem Wort, das sie beschreiben:

Die Farben

rojo(a) azul amarillo(a) verde naranja rosa negro(a) blanco(a) gris marrón

Welche Farbe hat…?

Decke das obere Bild zu und versuche zu sagen, welche Farbe jeder Gegenstand auf dem Bild rechts hat. Die nötigen Wörter kennst du.*

Zahlen

Die 40er, 50er bis zu den 90ern zählst du auf dieselbe Weise wie von 30 bis 39: **treinta y uno, treinta y dos, treinta y tres.**

1	uno	11	once	21	veintiuno	41	cuarenta y uno
2	dos	12	doce	22	veintidós	50	cincuenta
3	tres	13	trece	23	veintitrés	51	cincuenta y uno
4	cuatro	14	catorce	24	veinticuatro	60	sesenta
5	cinco	15	quince	25	veinticinco	70	setenta
6	seis	16	dieciséis	26	veintiséis	80	ochenta
7	siete	17	diecisiete	27	veintisiete	90	noventa
8	ocho	18	dieciocho	28	veintiocho	100	cien
9	nueve	19	diecinueve	29	veintinueve	200	doscientos
10	diez	20	veinte	30	treinta	300	trescientos
				31	treinta y uno	400	cuatrocientos
				40	cuarenta	500	quinientos

*Der Himmel heißt **el cielo.**

Die spanische Aussprache

Die folgende Liste bringt Buchstaben oder Buchstabenkombinationen, denen im Spanischen jeweils bestimmte Laute entsprechen. Die Liste ist also ein Aussprache-Wegweiser. Ein Tip: Höre spanische Radiosender oder Popmusik. Im Handumdrehen hast du gelernt, wie Spanisch klingt.

á	Ein Akzent über einem Vokal zeigt an, daß man diesen Buchstaben im Wort betonen muß.
a	Klingt wie „a", z.B. „Hand"; **gracias, casa, vaso.**
e	Wird wie „e" ausgesprochen: Kern; **señor, tener, tres.**
i	Entspricht dem deutschen „i": Bild; **tía, oficina, amarillo.**
o	Klingt wie das deutsche „o": Ton; **moreno, mayo.**
ó	Wird wie „o" ausgesprochen: Roboter; **limón.**
u	Wird wie das deutsche „u" ausgesprochen; **una, lunes, uvas.**
ce, ci	Klingt wie ein gelispeltes „sche" oder „schi". Gleicht dem englischen „Th"; **alacena, cine.**
ca, co, cu	Vor allen anderen Buchstaben spricht man das „c" wie „k": Katze; **toca, coche, cuenta.**
ga, go, gu	Vor „a", „o" oder „u" wird das „g" wie im Deutschen ausgesprochen; **gato, agosto, agua.**
ge, gi	Vor „e" und „i" spricht man es wie „ch" (machen); **gente, girar.**
gue, gui	Folgt nach „gu" noch ein „e" oder „i", wird das „u" nicht ausgesprochen: Gitarre; **albergue, guisar.**
h	Bleibt immer stumm; **hombre.**
j	Wird wie das deutsche „ch" gesprochen; **pájaro, verja, tejer.**
ll	Wird wie „lj" gesprochen; **lleno, llamar, calle.**
ñ	Wird wie das „gn" in Champignon ausgesprochen; **señor, baño, piña.**
qu	Spricht man wie „k", das „u" bleibt stumm: Küche; **mantequilla, izquierda, qué.**
r, rr	Im Spanischen wird das „r" mit der Zungenspitze am Gaumen gerollt; **rio, marzo, perro.**
v/b	Ähneln beide dem deutschen „b". **vaso, bailar.**
y	Wird, wenn es allein oder am Ende eines Wortes steht, wie „ie" ausgesprochen, z.B. Bier; **Y, muy.** In der Mitte des Wortes klingt es wie „j"; **mayo.**
z	Wird ebenfalls wie das englische „th" ausgesprochen; **buzon, zumo.**

Sprachregeln

Jede Sprache folgt Regeln, Grammatik genannt. Sie beschreiben, wie eine Sprache funktioniert und benutzt werden kann. Sprachregeln sind also auch Gebrauchsanweisungen. Jede Sprache hat ihre eigenen Regeln. Auf den folgenden zwei Seiten findest du einige wichtige Regeln der spanischen Sprache zusammengefaßt. Es sind dieselben, die schon vorne im Buch erläutert wurden. Lies sie von Zeit zu Zeit durch, es lohnt sich: Du wirst Spanisch noch leichter lernen, wenn du weißt, wie es funktioniert.

el, la

Spanische Hauptwörter sind entweder männlich oder weiblich, Hauptwörter, die auf **o** enden, sind meistens männlich; weiblich sind die, die auf **a, d** oder **ción** enden.* Das Geschlecht der übrigen Wörter muß von Fall zu Fall gelernt werden. Es ergibt sich aus dem Artikel. **El** ist der männliche, **la** der weibliche Artikel.

el libro das Buch

la camisa das Hemd

los, las

Der Mehrzahlartikel lautet **los** für männliche und **las** für weibliche Wörter.

los libros die Bücher

las camisas die Hemden

Um ihre Mehrzahlform zu bilden, hängt man ein **s** an Wörter, die mit einem Vokal und **es** an die, die mit einem Konsonanten enden.

la casa **las casas**

la ciudad **las ciudades**

un, una

„ein" oder „eine" heißt auf spanisch **un** vor **el-**Wörtern und **una** vor **la-**Wörtern.

un libro ein Buch

una camisa ein Hemd

al, del

Wenn ein **el**-Wort nach **a** (zu, nach) kommt, wird **al** daraus:
Juan va al supermercado Juan geht zum Supermarkt
Wenn ein **el**-Wort nach **de** (von) kommt, wird **del** daraus:
debajo del sofá unter dem Sofa

Fürwörter (Pronomen)

Diese Fürwörter solltest du kennen:

Einzahl						Mehrzahl			
yo	ich	**tú**	du	**él**	er, es (m)	**nosotros/as**	wir		
		usted	Sie	**ella**	sie, es (w)	**vosotros/as**	ihr	**ellos**	sie (m)
						ustedes	Sie	**ellas**	sie (w)

Anstelle von „es" heißt es **él** bzw. **ella** im Spanischen (siehe S. 18). Wie „sie" (Mehrzahl) übersetzt wird, steht auf Seite 6.

Eigenschaftswörter (Adjektive)

Ein Adjektiv ist ein beschreibendes Wort. Spanische Adjektive ändern sich, je nachdem, ob sie ein männliches oder weibliches Hauptwort beschreiben und ob das in der Einzahl oder Mehrzahl steht. Die meisten, aber nicht alle Adjektive enden auf **o.** Zur Bildung der weiblichen Form wird **o** durch **a** ersetzt. Ein **s** wird hinzugefügt, wenn die Mehrzahlform gebraucht wird:

el niño contento der zufriedene Junge

la niña contenta das zufriedene Mädchen

los niños contentos die zufriedenen Kinder

Endet ein Adjektiv auf e, ändert es sich nur in der Mehrzahlform; es bekommt ein **s:**

el libro grande das große Buch

la casa grande das große Haus

las casas grandes die großen Häuser

Auch Adjektive, die mit einem Konsonanten abschließen, ändern sich nur im Plural; sie bekommen ein **es:**

el brazo débil der schwache Arm

la gata débil die schwache Katze

los animales débiles die schwachen Tiere

*Aber **la mano** (die Hand) ist weiblich und **el día** (der Tag) ist männlich.

„Mein", „dein"

Wie „mein" und „dein" übersetzt wird, hängt davon ab, ob das folgende Wort in der Einzahl oder Mehrzahl steht:

mi/tu hermana	meine/deine Schwester
mis/tus abuelos	meine/deine Großeltern

Tätigkeitswörter (Verben)

Spanische Verben ändern sich im Einklang mit der Person, die handelt. Die meisten ändern sich, entsprechend ihrer Endung, auf dieselbe Weise. In diesem Buch werden hauptsächlich Verben verwendet, die auf **ar** enden, wie **hablar** (sprechen).

hablar	sprechen
yo hablo	ich spreche
tú hablas	du sprichst
usted habla	Sie sprechen
él/ella habla	er, sie, es spricht
nosotros/as hablamos	wir sprechen
vosotros/as habláis	ihr sprecht
ustedes hablan	Sie sprechen
ellos/ellas hablan	sie sprechen

Einige Verben ändern auch ihren Wortstamm. Es sind die sogenannten unregelmäßigen Verben. Sie müssen von Fall zu Fall gelernt werden. Eine Faustregel: Verben mit **e** im Stamm (**pensar,** denken), verändern ihr **e** zu **ie;** Verben mit **o** im Stamm, verändern ihr **o** zu **ue** (**contar,** zählen).

pensar (ie) denken
pienso, piensas, piensa, pensamos, pensáis, piensan

contar (ue) zählen
cuento, cuentas, cuenta, contamos, contáis, cuentan

Verneinung

Ein **no** unmittelbar vor dem Verb dient der Verneinung des Satzinhalts:

Yo no hablo español	Ich spreche nicht Spanisch
No están contentos	Sie sind nicht zufrieden

Reflexive Verben

Die reflexive Verbform von „ich heiße" ist „ich nenne mich". Das angefügte Pronomen macht das Verb reflexiv. So etwas gibt es auch im Spanischen. Nur wird das Pronomen vor das Verb gesetzt. Aber Achtung: Reflexive Verben sind im Deutschen und im Spanischen nicht dieselben!
Wie im Deutschen muß das Pronomen im Spanischen in Übereinstimmung mit Geschlecht und Zahl der Person gewählt werden, die handelt:

sentar(se)	sich hinsetzen
(yo) me siento	ich setze mich hin
(tú) te sientas	du setzt dich hin
(usted) se sienta	Sie setzen sich hin
(él/ella) se sienta	er, sie, es setzt sich hin
(nosotros/as) nos sentamos	wir setzen uns hin
(vosostros/as) os sentáis	ihr setzt euch hin
(ustedes) se sientan	Sie setzen sich hin
(ellos/ellas) se sientan	sie setzen sich hin

Estar und ser

Im Spanischen gibt es zwei Verben in der Bedeutung von „sein": **ser** und **estar.**

Ser wird gebraucht, um Leute und Dinge zu beschreiben und um die Zeit anzugeben.

Estar braucht man, um zu sagen, wo Leute und Dinge sind („er ist in Amerika") und um etwas von kurzer Dauer zu beschreiben („es regnet"):

estar	**ser**	sein
estoy*	**soy**	ich bin
estás	**eres**	du bist
está	**es**	Sie sind
está	**es**	er, sie, es ist
estamos	**somos**	wir sind
estáis	**sois**	ihr seid
están	**son**	Sie sind
están	**son**	sie sind

*Bitte erinnere dich, daß man im Spanischen die Wörter „ich", „du", „er" etc. weglassen kann. Die Verbform allein macht klar, von wessen Tätigkeit die Rede ist.

Antworten

Seite 7

Wie heißen sie?

Él se llama Pedro.
Ella se llama María.
Ellos se llaman Pablo y Juan.
Yo me llamo (dein Name).

Wer ist wer?

Miguel spricht mit Juan.
Ana spricht mit Amalia.
Miguel schwimmt neben dem Seehund.
Juan spricht mit ihm.
Ana ist in der unteren linken Ecke.
Der Mann, der mit Nicolás spricht, geht nach Hause.

Erinnerst du dich?

¿Cómo te llamas?
Yo me llamo…
Es mi amiga. Se llama Amalia.
Mi amigo se llama Daniel.

Seite 9

Erinnerst du dich?

la/una flor, el/un gato, el/un árbol, el/un nido, el/un pájaro, el/un tejado, el sol, la/una ventana, el/un coche, el/un perro.

Seite 11

Wer kommt woher?

Franz kommt aus Österreich.
Sie heißen Hari und Indira.
Lolita ist Spanierin.
Ja, Angus kommt aus Schottland.
Marie und Pierre kommen aus Frankreich.
János lebt in Budapest.
Budapest ist in Ungarn.

Erinnerst du dich?

¿De dónde eres?
Soy de…
Hablo español.
¿Hablas español?

Seite 13

Wie alt sind sie?

Miguel ist 13. Diana und Silvia sind 15.
Pepe ist 12. Rosa ist 11. Luis ist 9. Carmen ist 5.

Wer hat welche Geschwister?

A = Diana y Silvia. B = Luis. C = Miguel.
D = Pepe. E = Rosa.

Seite 17

Wo stecken sie alle?

Simón está en la cocina.
El abuelito está en el comedor.
Mamá está en el dormitorio.
La abuelita está en la sala de estar.
El fantasma está en el dormitorio de Isabel.
Isabel está arriba.
Pedro está en el cuarto de baño.

Abuelito. Simón. Pedro. Mamá.

En la sala de estar.
En el dormitorio de Isabel.
En el comedor.
En el cuarto de baño.
En el vestíbulo.

Erinnerst du dich?

¿Dónde vives?
¿Vives en una casa o en un apartamento?
En el campo.
En la ciudad.
Yo estoy arriba.
Yo estoy en la cocina.

Seite 19

Wo verstecken sie sich?

El hámster está en el jarrón.
El gatito está detrás de la televisión.
El perrito está en la alacena.
El periquito está sobre el estante.
La serpiente está detrás del sofá.
La tortuga está al lado del teléfono.

Seite 21

Wer mag was?

1. Jaime. 2. Juan. 3. Abuelito.

Seite 23

Wer sagt was?

«Tengo hambre.»
«Buen provecho.»
«Sírvete.»
«¿Me puedes pasar un vaso?»
«¿Quieres más patatas fritas?»
«Sí, gracias. Me gustan las patatas fritas.»
«No, gracias. He comido suficiente.»
«Está delicioso.»

Seite 25

Was tun diese Leute?

A Él guisa. B Él nada. C Ellos bailan.
D Ella toca el violín. E Él pinta.

Seite 27

Marcos Tageslauf

1 b, 2 e, 3 f, 4 a, 5 h, 6 g, 7 d, 8 c.

Wieviel Uhr ist es?

A Son las tres y cinco.
B Son las once y cinco.
C Son las nueve menos diez.
D Son las cuatro menos cuarto.
E Son las tres y veinticinco.
F Son las siete y media.
G Son las tres.
H Son las cuatro.
I Son las nueve.
J Es la una y media.
K Son las siete y cinco.
L Son las diez y media.
M Son las seis.
N Son las cuatro menos veinticinco.
O Son las dos menos cinco.

Seite 29

El viernes por la tarde voy a bailar con Jaime.
Juego al tenis el lunes, el miércoles y el domingo.
Voy al cine el miércoles por la tarde.
No, toco el piano el martes.
El domingo por la tarde juego al tenis.
Es a las siete.

Seite 33

¿Cómo se va a la plaza del mercado, por favor?
Perdone, ¿hay un café cerca de aquí?
¿Está lejos?
Tome la tercera calle a la izquierda, después siga todo recto.
Tome la tercera calle a la derecha, después siga todo recto. El mercado está a la izquierda.
In die Schule.

Seite 37

Quiero cuatro limones, un kilo de plátanos y una piña.
Cuatro limones cuestan cuarenta pesetas.
Un kilo de plátanos cuesta doscientas pesetas.
Una piña cuesta quinientas pesetas.
Una piña. Los plátanos. Las uvas, los melocotones y las manzanas. Un limón.

Seite 39

El cumpleaños de Marisa es el dos de abril.
El cumpleaños de Armando es el veintiuno de junio.
El cumpleaños de Elena es el dieciocho de octubre.
El cumpleaños de Clara es el treinta y uno de agosto.
El cumpleaños de Carlos es el tres de marzo.
El cumpleaños de Roberto es el siete de septiembre.

Seite 40

La calle es gris.
El sol es amarillo.
El tejado es naranja.
El cielo es azul.
Las flores son rosas.
El perro es marrón.
El pájaro es negro.
El coche es rojo.
Los árboles son verdes.
La casa es blanca.

Alphabetische Wortliste

Adjektive sind in der männlichen Einzahlform aufgeführt. Bei der weiblichen Einzahlform wird die Endung **o** zu **a** **(alto, alta).**

a	an, bei, um, nach, ins
a la derecha	rechts
a la izquierda	links
a la orilla del mar	am Meer
a pie	zu Fuß
abril	April
la abuela	die Großmutter
la abuelita	die Oma
el abuelito	der Opa
el abuelo	der Großvater
los abuelos	die Großeltern
la afición	das Hobby
agosto	August
el agua	das Wasser
al lado de	neben (örtl.)
la alacena	der Wandschrank
el albergue juvenil	die Jugendherberge
alemán	deutsch
Alemania	Deutschland
la alfombra	der Teppich
¿algo más?	noch etwas?
algún	irgendein
algún cosa/algo	irgendein, etwas
allí	dort
el almuerzo	Mittagessen
alto	noch, groß
amarillo	gelb
el amigo, la amiga	der Freund, die Freundin
el año	das Jahr
el apartamento	das Appartement
aproximadamente	ungefähr
aquí	hier
el árbol	der Baum
el armario	der Schrank
arriba	oben
el arroz	der Reis
Austria	Österreich
azul	blau
bailar	tanzen
el banco	die Bank
bien	gut
blanco	weiß
¡Buen provecho!	Guten Appetit!
buenas noches	Guten Abend! Gute Nacht!
buenas tardes	Guten Tag!
buenos días	Guten Morgen! Hallo!
buscar	suchen
la butaca	der Sessel
el buzón	der Briefkasten
la cabina telefónica	das Telefonhäuschen
cada uno	ein jedes Stück, pro Stück
el café	das Café, der Kaffee
la calle	die Straße
la cama	das Bett
el camping	der Zeltplatz
cariñoso	liebevoll, zärtlich, freundlich
la carne	das Fleisch
la carnicería	die Metzgerei
la casa	das Haus
casi	beinahe, fast
el castillo	die Burg
la cena	das Abendessen
cerca de aquí	nahe bei
la chimenea	der Schornstein
el chocolate	die Schokolade
el cielo	der Himmel
el cine	das Kino
la coca-cola	die Coca-Cola
el coche	das Auto
la cocina	die Küche
cocinar	kochen
el colegio	die Schule
el comedor	das Eßzimmer
comer	essen
¿cómo estás?	Wie geht es dir?
¿cómo te llamas?	Wie heißt du?
comprar	kaufen
con	mit
construir cosas	basteln
la cortina	der Vorhang
costar	kosten
¿cuándo?	wann?
¿cuánto?	wieviel?
el cuarto de baño	das Bad
la cuenta	die Rechnung
el cumpleaños	der Geburtstag
de acuerdo	o.k., einverstanden
de nada	Bitte sehr! Keine Ursache! (Als Antwort auf ¡gracias!)
¿de dónde?	von wo?
debajo de	unter
delante de	vor
delgado	dünn, schlank
el deporte	der Sport
el desayuno	das Frühstück
después	dann
detrás de	hinter
diciembre	Dezember
el domingo	der Sonntag
¿dónde?	wo?
el dormitorio	das Schlafzimmer
el	der
en	in
en el campo	auf dem Land
en español	auf Spanisch
en la ciudad	in der Stadt
encantar	lieben, sehr mögen
encontrar	finden
enero	Januar
la ensalada	der Salat
entonces	da
entre	zwischen
Escocia	Schottland

escuchar	zuhören
los espaguetis	die Spaghetti
España	Spanien
español	spanisch
la estación	der Bahnhof
el estante	das Regal
este, esta	dieser, diese, dieses
la familia	die Familie
el fantasma	das Gespenst
la farmacia	die Apotheke
febrero	Februar
el filete	das Steak, Filet
la flor	die Blume
Francia	Frankreich
frente a	gegenüber
la fruta	die Frucht
el fútbol	der Fußball
el garaje	die Garage
la gasolinera	die Tankstelle
el gatito	das Kätzchen
el gato	die Katze
girar	sich umdrehen, umkehren
gracias	danke
gris	grau
grueso	dick, groß
gustar	kosten, schmecken, gern haben
hablar	sprechen
hacer	machen, tun
la hamburguesa	der Hamburger
el hámster	der Hamster
hasta	bis
hasta la vista	Auf Wiedersehen!
hasta pronto	Bis bald!
hay	es gibt
el helado	das (Speise) Eis
la hermana/el hermano	die Schwester, der Bruder
¡Hola!	Hallo!
el hotel	das Hotel
hoy	heute
el huevo	das Ei
Hungría	Ungarn
imposible	unmöglich
la India	Indien
Inglaterra	England
inglés	englisch
el invierno	der Winter
ir	gehen
ir de compras	einkaufen gehen
el jamón	der Schinken
el jarrón	die Vase
joven (pl. jóvenes)	jung
el jueves	Donnerstag
jugar	spielen
julio	Juli
junio	Juni
el kilo	das Kilo

la	die
la leche	die Milch
leer	lesen
lejos	fern, weit weg
levantarse	aufstehen
el libro	das Buch
el limón	die Zitrone
la limonada	die Limonade
el litro	der Liter
el lunes	Montag
la madre	die Mutter
mal	schlecht
la mamá	die Mama
la mañana	der Morgen
mañana	morgen
la mantequilla	die Butter
la manzana	der Apfel
marrón	braun
el martes	Dienstag
marzo	März
más	mehr
mayo	Mai
me	mich, mir
la medianoche	die Mitternacht
el mediodía	der Mittag
mejor	besser
lo mejor	das Beste
el melocotón	der Pfirsich
menos	weniger
el mercado	der Markt
el mes	der Monat
la mesa	der Tisch
mi, mis	mein, meine (Singular/Plural)
el miércoles	Mittwoch
el minuto	die Minute
mirar	ansehen
moreno	dunkelhaarig, dunkelbraun
mucho	sehr
muy	viel
nadar	schwimmen
naranja	orange
la naranja	die Orange
naturalmente	selbstverständlich
negro	schwarz
el nido	das Nest
no	nein
la noche	der Abend, die Nacht
noviembre	November
o	oder
octubre	Oktober
la oficina de correos	die Post
la oficina de turismo	die Touristeninformation
el otoño	der Herbst
el padre	der Vater
los padres	die Eltern
el pájaro	der Vogel
el pan	das Brot
la panadería	die Bäckerei

el panecillo	das Brötchen
el papá	der Papa
las patatas fritas	die Pommes frites
el pastel	der Kuchen
pequeño	klein
¡perdone!	Entschuldigung!
el periquito	der Wellensittich
pero	aber
el perrito	das Hündchen
el perro	der Hund
el pescado	der (zubereitete) Fisch
la peseta	die Peseta
el piano	das Klavier
la piña	die Ananas
pintar	malen
la pizza	die Pizza
la planta	die Pflanze
el plátano	die Banane
la plaza del mercado	der Marktplatz
por favor	bitte
la primavera	der Frühling
primero	erster, erste
la puerta	die Tür
¿qué?	was?
¡qué pena!	Das ist schade!
el queso	der Käse
¿quién?	wer?
¿quieres...?	Möchtest du...?
rojo	rot
la rosa	die Rose
rosa	rosa
rubio	blond
sábado	Samstag
la sala de estar	das Wohnzimmer
la salchicha	die Wurst
segundo	zweiter, zweite zweites
señor	Herr
señora	Frau
señorita	Fräulein
ser (de)	sein (von)
la serpiente	Schlange
sí	ja
sí, cómo no	ja, gerne
siempre	immer
sobre	auf
sobre todo	besonders
el sofá	das Sofa
el sol	die Sonne
su	sein, ihr
suficiente	genug
el supermercado	der Supermarkt
también	auch
la tarde	der Nachmittag
la tarjeta postal	die Postkarte
la tarta/tarta de frutas	die (Obst)Torte
el té	der Tee
el tejado	das Dach
tejer	stricken
el teléfono	das Telefon
la televisión	das Fernsehen
tener	haben
tener...años	...Jahre alt sein
tener hambre	Hunger haben
el tenis	das Tennis
tercero	dritte, dritter
la tía	die Tante
la tienda de comestibles	das Lebensmittelgeschäft
el tío	der Onkel
tocar	(ein Instrument) spielen
todo recto	geradeaus
tomar	nehmen, annehmen
el tomate	die Tomate
la tortuga	die Schildkröte
tu, tus	dein, deine
un, una	ein, eine
las uvas	die Trauben
el vaso	das Glas
vender	verkaufen
venir (ie)	kommen
la ventana	das Fenster
el verano	der Sommer
verde	grün
la verdura	das Gemüse
la verja	der Zaun
el vestíbulo	die Diele
viejo	alt
el viernes	Freitag
el violín	die Violine
vivir	leben
y	und
zumo de naranja	der Orangensaft

94 93 92 8 7 6 5 4 3

Titel der Originalausgabe: „Spanish for Beginners"

Übersetzung und Bearbeitung der deutschen Ausgabe:
Friedrich Langreuter
Printed in Great Britain

ISBN 3-7607-4503-2

mit Spaß ENTDECKEN

Sachbücher für Kinder und Jugendliche

ISBN 3-7607-4509-1

ISBN 3-7607-4510-5

ISBN 3-7607-4511-3

ISBN 3-7607-4533-4

ISBN 3-7607-4512-1

ISBN 3-7607-4534-2

ISBN 3-7607-4523-7

ISBN 3-7607-4531-8

ISBN 3-7607-4522-9

ISBN 3-7607-4532-6

ISBN 3-7607-4516-4

ISBN 3-7607-4517-2

ISBN 3-7607-4518-0

ISBN 3-7607-4556-3

ISBN 3-7607-4572-5

ISBN 3-7607-4555-5